Inhalt

Bilanzrechtsreformgesetz

Kernthesen

Beitrag

Fallbeispiele

Weiterführende Literatur

Impressum

Bilanzrechtsreformgeset

A. Kaindl

Kernthesen

- Das Bundesjustizministerium will die Unabhängigkeit der Abschlussprüfer stärken. Deshalb wurde im Dezember 2003 der Referentenentwurf eines Bilanzrechtsreformgesetzes vorgestellt.
- Zentraler Punkt der neuen Regelungen ist das Selbstprüfungsverbot. Wirtschaftsprüfer dürfen keine Abschlussprüfung vornehmen, wenn diese bestimmte im Referentenentwurf genannte Tätigkeiten für das Unternehmen erbracht haben.
- Die EU-Kommission plant in Reaktion auf die jüngsten Bilanzskandale eine Verschärfung der Vorschriften für Wirtschaftsprüfer.

Beitrag

Ziele und Inhalt des Bilanzrechtsreformgesetzes

Im Dezember 2003 stellte das Bundesjustizministerium den Referentenentwurf eines Bilanzrechtsreformgesetzes vor. Mit dem neuen Gesetz will das Ministerium die Unabhängigkeit der Abschlussprüfer stärken. Zugleich soll nationales Bilanzrecht an europäische Rechnungslegungsstandards angepasst werden. Die Neufassung der Bestimmungen zur Wahrung der Unabhängigkeit der Abschlussprüfer (§ 319 HGB) übernimmt Elemente aus der europäischen und amerikanischen Gesetzgebung und greift Empfehlungen des Arbeitskreises Abschlussprüfung und Corporate Governance auf. (1)

Zentraler Punkt der neuen Regelungen ist das Selbstprüfungsverbot. Künftig soll es Wirtschaftsprüfern nicht mehr möglich sein, in einem Unternehmensbereich die Abschlussprüfung durchzuführen und gleichzeitig in diesem Sektor auch noch beratend tätig zu sein. Wirtschaftsprüfer dürfen keine Abschlussprüfung vornehmen, wenn diese Rechts- oder Steuerberatung erbracht haben, die sich gestaltend und nicht nur unwesentlich auf die Darstellung der Vermögens-, Finanz- und Ertragslage des zu prüfenden Unternehmens auswirken. Der Prüfer darf das Unternehmen auch nicht gerichtlich in Rechts- oder Steuerangelegenheiten vertreten. Unvereinbar hält der Gesetzentwurf die Mitwirkung der Abschlussprüfer bei der Einführung von IT-Systemen zur Rechnungslegung sowie die Erbringung von Management- und Finanzdienstleistungsaufgaben für den zu prüfenden Jahresabschluss. Die Beratung ist weiterhin erlaubt, wenn sie in einem anderen Bereich stattfindet, für den keine Aufträge zur Abschlussprüfung vorliegen. Der deutsche Gesetzgeber geht damit nicht so weit wie der amerikanische, der mit dem Sarbanes-Oxley Act jede weitergehende grundsätzliche Rechts- und Expertenberatung ausschließt, auch wenn sie nicht in Verbindung mit der Abschlussprüfung steht. (1), (2), (5), (11)

Der Referentenentwurf verzichtet auf eine zusätzliche aktienrechtliche Bestimmung, nach der der Aufsichtsrat durch den Abschlussprüfer über die Beratungstätigkeit unterrichtet werden muss. Dies ist zwar eine wichtige Voraussetzung, die jedoch in Deutschland bereits im Corporate Governance Kodex verankert ist. (1), (2)

Deutlich verschärft werden die Anforderungen an die Prüfer kapitalmarktorientierter Firmen, deren Wertpapiere an der Börse notiert sind, sowie von Versicherern, Banken und Finanzdienstleistern. Beteiligungen der Prüfer an den Kundenfirmen werden ausgeschlossen und die Prüfer dürfen eine Umsatzhöchstgrenze mit je einem Unternehmen nicht überschreiten. Sie werden von der Abschlussprüfung ausgenommen, wenn sie in den vergangenen fünf Jahren mehr als 15 Prozent aller Einnahmen aus der Tätigkeit für die zu prüfende Gesellschaft erzielt haben und dies auch im laufenden Jahr zu erwarten ist. (11), (14)

Der Referentenentwurf verzichtet auf die international durchaus verbreitete differenzierte Offenlegung der Beraterhonorare, obwohl gerade die Höhe der außerhalb der reinen Abschlussprüfung erzielten Erträge in der Öffentlichkeit als wichtiges Indiz für mangelnde Unabhängigkeit angesehen wird. (12)

Des Weiteren setzt das Bilanzrechtsreformgesetz vier europäische Rechtsakte in nationales Bilanzrecht um: die IAS-Verordnung, die Modernisierungsrichtlinie, die Schwellenwertrichtlinie und die Fair-Value-Richtlinie. Entsprechend der IAS-Verordnung sind Unternehmen, die an einem organisierten Kapitalmarkt auftreten, von 2005 an verpflichtet, ihre

Konzernabschlüsse nach den International Accounting Standards (IAS) aufzustellen. Der Referentenentwurf räumt allen Unternehmen, auch solchen, die nicht am Kapitalmarkt auftreten, das Wahlrecht zur Anwendung von IAS für den Konzernabschluss ein. Das Ministerium folgt nicht der Option, IAS auch für den Einzelabschluss zu gestatten oder gar vorzuschreiben, sondern hält am HGB fest. Der Einzelabschluss nach IAS ist damit nur zur Information möglich. Mit der Modernisierungsrichtlinie wird das europäische Bilanzrecht weiterentwickelt. Der Referentenentwurf setzt nur die zwingenden Vorgaben der Richtlinie ins HGB um, behält aber die Gestaltungsspielräume einem weiteren Gesetzgebungsverfahren, dem Bilanzrechtsmodernisierungsgesetz vor, dessen Entwurf im Sommer 2004 vorliegen soll. In diesem künftigen Gesetzgebungsverfahren sollen auch die Regelungen und Ansätze zur Bewertung von Finanzinstrumenten aus der Fair-Value-Richtlinie erörtert werden. (1), (2)

Kritik am Bilanzrechtsreformgesetz

Der Referentenentwurf lässt es bei dem Thema Einschränkung der Steuerberatung an Klarheit fehlen. Gerade dieses Thema ist für Unternehmen und Prüfer finanziell besonders interessant und damit für die Unabhängigkeit enorm heikel. Bei den Wirtschaftsprüfern besteht die Sorge, dass die uneindeutige Formulierung die Mandanten dazu veranlassen könnte, diese Dienste aus Vorsichtsgründen von vornherein nicht dem Abschlussprüfer zu übertragen. Auch ein Verbot der gerichtlichen Vertretung könnte die zu prüfenden Unternehmen bewegen, von vornherein einen anderen Steuerberater als den Abschlussprüfer zu wählen, um nicht erst im Fall des Falles die Berater wechseln zu müssen. [(12)](), [(13)]()

EU-Hintergrund des Bilanzrechtsreformgesetzes

Die EU-Kommission plant, einen europäischen Ausschuss zur Regulierung von Wirtschaftsprüfern einzusetzen. Gleichzeitig sollen die Mitgliedsstaaten unabhängige nationale Behörden einrichten, die die Arbeit der Abschlussprüfer kontrollieren. Geplant ist, die nationalen Aufsichtsbehörden mit umfassenden Kompetenzen auszustatten, bspw. sollen diese Untersuchungen vor Ort durchführen oder als Sanktion gegen Fehlverhalten ein Berufsverbot verhängen können. Der EU-Ausschuss soll dagegen

Qualitätsstandards für die Branche festlegen. Nach dem jüngsten Finanzskandal des Nahrungsmittelkonzerns Parmalat will die EU einen Großteil der bislang freiwilligen Regeln verbindlich in Europa einführen. Neben den geplanten Behörden spricht sich die Kommission für eine externe oder interne Rotation der Wirtschaftsprüfer aus. Wirtschaftsprüfungsgesellschaften sollen entweder alle sieben Jahre den Kunden wechseln oder innerhalb der Gesellschaft soll der leitende Prüfer alle 5 Jahre seinen Arbeitsbereich abtreten. (7), (8)

Außerdem möchte die EU die Prüfungsgesellschaften börsennotierter Unternehmen einer strengeren Transparenz unterwerfen. Danach sollen die Prüfer auf ihrer Webseite Informationen über ihre Rechts- und Eigentümerstruktur einstellen. Die Kommission fordert auch eine Liste der geprüften börsennotierten Unternehmen sowie Angaben zu den Einnahmen aus Jahresabschlussprüfungen und weiteren Dienstleistungen. Aus Sicht der Kommission muss gewährleistet sein, dass die für die Abschlussprüfung gewährten Honorare so hoch sind, dass eine qualitativ hochwertige Arbeit möglich ist und dass deren Umfang nicht von zusätzlich erlangten Beratungsaufträgen beeinflusst ist. (8)

In Deutschland ist eine externe Rotation der Wirtschaftsprüfungsgesellschaften nicht üblich.

Lediglich der leitende Wirtschaftsprüfer muss alle sieben Jahre den Kunden innerhalb seiner Gesellschaft wechseln. Die Bundesregierung überlegt allerdings, die interne Rotation auszuweiten. (10)

Fallbeispiele

Die Wirtschaftsprüfer stört die im Bilanzrechtsreformgesetz verankerte Einschränkung der Beratung. Der Vorstandsvorsitzende von Ernst & Young vertritt die Auffassung, dass in Zukunft Streit darüber entstehen wird, was bei der Steuerberatung unter unwesentlich zu verstehen ist. Denn jede qualifizierte steuerliche Beratung wirkt sich in irgendeiner Form auf den Jahresabschluss aus. Außerdem hält er das Verbot der gerichtlichen Vertretung der Unternehmen durch die Abschlussprüfer für nicht sehr effizient und durchdacht. Zur Wiedergewinnung des Vertrauens der Kapitalmärkte reiche es aus, wenn Aktiengesellschaften den deutschen Corporate Governance Kodex konsequent anwenden. Der Vorstandssprecher des Instituts der Wirtschaftsprüfer hält das Verbot ebenfalls für sachlich nicht begründet. Er fordert, dass die

Einschränkung der Rechts- und Steuerberatung im Referentenentwurf eindeutiger formuliert wird und nur die Prüfung von Sachverhalten verboten wird, die der Prüfer selbst gestaltet hat. (3), (6), (11)

Der Vorstandssprecher des Instituts der Wirtschaftsprüfer hält den Zwang zum regelmäßigen Wechsel der Wirtschaftsprüfer als kein sinnvolles Instrument, um Bilanzskandale zu verhindern. Die Forderung nach einem turnusmäßigem Wechsel der Abschlussprüfer wird vielfach mit dem Argument erhoben, ein solcher Wechsel sei erforderlich, um eine Betriebsblindheit und Vertrautheit zwischen Abschlussprüfer und dem zu prüfenden Unternehmen entgegenzuwirken. Damit soll die Unabhängigkeit des Prüfers gestärkt und die Prüfungsqualität verbessert werden. Bei genauerer Betrachtung sind von einer externen Rotation nicht positive, sondern negative Einflüsse auf die Prüfungsqualität zu erwarten. Das für eine verlässliche Abschlussprüfung notwendige Wissen, insbesondere im erforderlichen Detaillierungsgrad vorhandene Kenntnisse über die Geschäftätigkeit, das wirtschaftliche Umfeld, die Prozesse und Systeme des Mandanten, steht idR nicht von vornherein zur Verfügung, sondern kann nur in einem Erfahrungs- und Lernprozess aufgebaut werden. Bei einem Wechsel des Prüfers kann dieses gesammelte mandantenspezifische Wissen nicht kurzfristig auf den neu bestellten Prüfer transferiert werden. (9)

Italien ist das einzige europäische Land, in dem eine Pflicht zur externen Rotation der Abschlussprüfer praktiziert wird. Aber gerade dort hat der Fall Parmalat gezeigt, wie wenig wirksam das Instrument ist, das nun in der Europäischen Kommission angedacht wird. Bei Parmalat wurde die Pflicht der externen Rotation umgangen, indem die Prüfer nach Ablauf ihres Mandats einfach zur neuen Wirtschaftsprüfungsgesellschaft wechselten und den Konzern dort weiterbetreuten. (9), (10)

Der für Sommer 2004 geplante Entwurf eines Bilanzrechtsmodernisierungsgesetzes wird für alle Finanzinstrumente eine Bewertung zum Fair Value, d.h. zum Zeitwert, vorsehen. Die Europäische Zentralbank (EZB) hat in ihrem im Februar 2004 veröffentlichten Monatsbericht vor den negativen Auswirkungen der Zeitwertbilanzierung auf die Stabilität des Finanzsystems gewarnt. Die von den IAS-Regeln vorgeschriebene Art der Bilanzierung führt nach Ansicht der EZB zu größerer Volatilität in den Bankbilanzen. Es bestehe außerdem die Gefahr, dass die Bilanzierung des Vermögens der Banken zu aktuellen Marktwerten die Institute veranlassen könnte, ihre Kreditvergabe noch stärker als bisher prozyklisch zu gestalten. (4)

Weiterführende Literatur

(1) Berlin wird Unabhängigkeit der Abschlussprüfer stärken Zypries legt Referentenentwurf vor - IAS nur für Konzernabschlüsse
aus Börsen-Zeitung, 13.12.2003, Nummer 241, Seite 7

(2) Berlin nimmt Wirtschaftsprüfer an die Leine Beratungstätigkeiten werden eingeschränkt Aber mehr Freiraum als im Sarbanes-Oxley Act - Entwurf des Bilanzrechtsreformgesetzes liegt vor
aus Börsen-Zeitung, 13.12.2003, Nummer 241, Seite 1

(3) O. V., Auch Ernst & Young spürt die Krise, Beratungsfirma warnt vor international unterschiedlichen Gesetzen, SZ vom 12.12.2003, S. 26
aus Börsen-Zeitung, 13.12.2003, Nummer 241, Seite 1

(4) EZB warnt vor Internationalen Bilanzregeln Zentralbank sieht Stabilität des Finanzsystems gefährdet
aus Financial Times Deutschland vom 13.02.2004, Seite 19

(5) Abschlussprüfer -Reformentwurf sieht schärfere Regeln vor-
aus Consultant Steuern - Wirtschaft - Finanzen, Heft 01-02/2004, S. 60

(6) Auch Ernst & Young spürt schärferen Wind Schlechte konjunkturelle Lage und Sarbanes-Oxley

Act beeinträchtigen Entwicklung - Umsatz stagniert
aus Börsen-Zeitung, 12.12.2003, Nummer 240, Seite 13

(7) EU plant Regulierungsstelle für Bilanzprüfer
Bolkestein legt im März Richtlinienentwurf vor
aus Financial Times Deutschland vom 09.02.2004,
Seite 18

(8) EU zwingt ausländische Abschlussprüfer zur
Registrierung Brüssel macht Drohung wahr -
Wahlweise interne oder externe Rotation
aus Börsen-Zeitung, 07.02.2004, Nummer 26, Seite 7

(9) Leicht zu umgehen Der Zwang zum regelmäßigen
Wechsel der Wirtschaftsprüfer ist kein sinnvolles
Instrument, um Skandale zu verhindern. Besser wäre
eine interne Rotation
aus Financial Times Deutschland vom 04.02.2004,
Seite 31

(10) EU plant Rotation für Buchprüfer
Wirtschaftsprüfungsgesellschaften sollen alle sieben
Jahre Kunden abgeben · Reaktion auf Parmalat
aus Financial Times Deutschland vom 03.02.2004,
Seite 1

(11) Wirtschaftsprüfer warnen vor Folgen der
Regierungspläne Branche hält
Steuerberatungstätigkeit für gefährdet
aus Financial Times Deutschland vom 16.12.2003,
Seite 21

(12) Wohlfühl-Bilanzrechtsreform
aus Börsen-Zeitung, 09.01.2004, Nummer 5, Seite 8

(13) Prüfer begrüßen Bilanzrechtsreform IDW:
Auslegungsschwierigkeiten vermeiden
aus Börsen-Zeitung, 16.12.2003, Nummer 242, Seite 6

(14) Berlin lässt Wirtschaftsprüfern viel Freiraum
Gesetzentwurf der Bundesregierung zur
Bilanzrechtsreform schränkt Beratertätigkeit ein und
stärkt Unabhängigkeit
aus Financial Times Deutschland vom 15.12.2003,
Seite 22

Impressum

Bilanzrechtsreformgesetz

Bibliografische Information der deutschen Nationalbibliothek

Die Deutsche Nationalbibliothek verzeichnet diese Publikation in der deutschen Nationalbibliografie; detaillierte bibliografische Daten sind im Internet über http://dnb.d-nb.de abrufbar.

ISBN: 978-3-7379-1312-6

© 2015 GBI-Genios Deutsche Wirtschaftsdatenbank GmbH, Freischützstraße 96, 81927 München, www.genios.de

Alle Rechte vorbehalten. Dieses Werk ist einschließlich aller seiner Teile – z.B. Texte, Tabellen und Grafiken - urheberrechtlich geschützt. Jede Verwertung außerhalb der Grenzen des Urheberrechtsgesetzes bedarf der vorherigen Zustimmung des Verlags. Dies gilt insbesondere auch für auszugsweise Nachdrucke, fotomechanische Vervielfältigungen (Fotokopie/Mikroskopie), Übersetzungen, Auswertungen durch Datenbanken oder ähnliche Einrichtungen und die Einspeicherung und Verarbeitung in elektronischen Systemen.